DER LEITFADEN FÜR DIE KAFFEEZUBEREITUNG

100 GEWÜRZTE UND INFUSEDIERTE KAFFEE-REZEPTE ZUM BRAUEN ZU HAUSE

GEORG BÖHM

Alle Rechte vorbehalten.

Haftungsausschluss

Die in diesem eBook enthaltenen Informationen sollen als umfassende Sammlung von Strategien dienen, die der Autor dieses eBooks erforscht hat. Zusammenfassungen, Strategien, Tipps und Tricks sind nur Empfehlungen des Autors, und das Lesen dieses eBooks garantiert nicht, dass die eigenen Ergebnisse genau die Ergebnisse des Autors widerspiegeln. Der Autor des eBooks hat alle zumutbaren Anstrengungen unternommen, um aktuelle und genaue Informationen für die Leser des eBooks bereitzustellen. Der Autor und seine Mitarbeiter haften nicht für unbeabsichtigte Fehler oder Auslassungen, die möglicherweise gefunden werden. Das Material im eBook kann Informationen von Dritten enthalten. Materialien von Drittanbietern enthalten Meinungen, die von ihren Eigentümern geäußert werden. Daher übernimmt der Autor des eBooks keine Verantwortung oder Haftung für Materialien oder Meinungen Dritter.

Das eBook ist urheberrechtlich geschützt © 2022 mit allen Rechten vorbehalten. Es ist illegal, dieses eBook ganz oder teilweise weiterzuverbreiten, zu kopieren oder daraus abgeleitete Werke zu erstellen. Kein Teil dieses Berichts darf ohne die ausdrückliche und unterzeichnete schriftliche Genehmigung des Autors in irgendeiner Form vervielfältigt oder weiterverbreitet werden.

INHALTSVERZEICHNIS

INHALTSVERZEICHNIS 4

EINLEITUNG 8

EISKAFFEE 10

1. Geeister Mochacchino 11
2. Mandel-Eiskaffee 13
3. Eiskaffee mit Zimt 15
4. Kaffee-Eis 17
5. Eiscafé au Lait 19
6. Cremiger Eiskaffee 21
7. Eiskaffee mit Gewürzen 23

MIT ALKOHOL ANGEREICHERTER KAFFEE 26

8. Rum Kaffee 27
9. Kahlua Irish Coffee 29
10. Baileys irischer Cappuccino 31
11. Brandy-Kaffee 33
12. Kahlua und Schokoladensauce 35
13. Hausgemachter Kaffeelikör 37
14. Kahlua Brandy Kaffee 39
15. Limetten-Tequila-Espresso 41
16. Gesüßter Brandy-Kaffee 43
17. Dinner-Party-Kaffee 45
18. Süßer Ahornkaffee 47
19. Dubliner Traum 49
20. Di Saronno-Kaffee 51
21. Baja-Kaffee 53
22. Pralinenkaffee 55
23. Pralinenlikör 57

24. Amaretto-Café 60
25. Café Au Cin 62
26. Gespickter Cappuccino 64
27. Gälischer Kaffee 66
28. Kanadischer Kaffee 68
29. Deutscher Kaffee 70
30. Dänischer Kaffee 72
31. Irish-Coffee-Shooter-Milchshake 74
32. Gutes altes Irisch 76
33. Bushmills Irish Coffee 78
34. Starker Irish Coffee 80
35. Cremiger Irish Coffee 82
36. Altmodischer Irish Coffee 84
37. Lattetini 86

MOKKA 88

38. Geeister Mokka-Cappuccino 89
39. Original Eiskaffee 91
40. Kaffee mit Mokkageschmack 93
41. Würziger mexikanischer Mokka 95
42. Schokoladenkaffee 97
43. Pfefferminz-Mokka-Kaffee 99
44. Mokka Italienischer Espresso 101
45. Chocolata-Kaffees 103
46. CSchokoladen-Amaretto-Kaffee 105
47. Schokoladen-Minz-Kaffee-Float 107
48. Kakao-Kaffee 109
49. Kakao-Haselnuss-Mokka 111
50. Schokoladen-Minz-Kaffee 113
51. Milchkaffee 115
52. Italienischer Kaffee mit Schokolade 117
53. Halbsüßer Mokka 119

GEWÜRZTER KAFFEE 121

54. KAFFEE MIT ORANGENGEWÜRZ122
55. GEWÜRZTE KAFFEESAHNE124
56. KARDAMOM GEWÜRZTER KAFFEE126
57. CAFÉ DE OLA128
58. VANILLE-MANDEL-KAFFEE130
59. ARABISCHES JAVA132
60. HONIGKAFFEE134
61. CAFÉ WIEN WUNSCH136
62. ZIMT GEWÜRZTER KAFFEE138
63. ZIMT-ESPRESSO140
64. MEXIKANISCHER GEWÜRZTER KAFFEE142
65. VIETNAMESISCHER EIERKAFFEE144
66. TÜRKISCHER KAFFEE146
67. KÜRBIS GEWÜRZTER LATTE149
68. KARAMELL-LATTE152

FRAPPUCCINO UND CAPPUCCINO155

69. KARAMELL-FRAPPUCCINO156
70. HIMBEER-FRAPPUCCINO158
71. KAFFEE-MILCHSHAKE160
72. MOKKA FRAPPE162
73. INSTANT-KARAMELL-FRAPPUCCINO164
74. MANGO FRAPPE166
75. CAPPUCCINO-CAFÉ168
76. CAPPUCCINO-SHAKE170
77. CREMIGER CAPPUCCINO172
78. GEFRORENER CAPPUCCINO174

FRUCHTIGER KAFFEE 176

79. HIMBEERKAFFEE177
80. WEIHNACHTSKAFFEE179
81. REICHHALTIGER KOKOSNUSSKAFFEE181
82. SCHOKOLADEN-BANANEN-KAFFEE183

83. Schwarzwälder Kaffee 185
84. Maraschino-Kaffee 187
85. Schokoladen-Mandel-Kaffee 189
86. Kaffee Limonade 191
87. Wiener Kaffee 193
88. Espresso Romano 195

KAFFEEMISCHUNGEN 197

89. Milchkaffee 198
90. Instant-Orangen-Cappuccino 200
91. Mokka-Mischung nach Schweizer Art 202
92. Instant Creamed Irish Coffee 204
93. Mokka-Kaffee-Mischung 206
94. Mokka-Instant-Kaffee 208
95. Wiener Kaffeemischung 210
96. Schlummertrunk-Kaffee-Mischung 212
97. Cappuccino-Mix 214
98. Café-Cappuccino-Mischung 216
99. Louisiana Café mit Milch 218
100. Westindischer Kaffee 220

FAZIT 222

EINLEITUNG

Warum lieben wir Kaffee so sehr? Abgesehen davon, dass es super lecker ist! Eine dampfende Tasse Kaffee ist das erste, wonach Millionen von Menschen jeden Morgen greifen, und es gibt eine Vielzahl von Gründen, warum diese Menschen dies täglich tun. Das darin enthaltene Koffein spielt zwei Rollen bei der Frage, warum Menschen Kaffee trinken. Erstens hilft das Koffein im Kaffee, das Blut der Menschen in Schwung zu bringen und gibt ihnen ein Gefühl von Energie. Frühmorgensarbeiter verlassen sich in der Regel auf ihren Kaffee, um ihren Arbeitstag zu überstehen.

Der andere Grund, warum Menschen Kaffee trinken, ist, dass Koffein süchtig macht. Es gibt viele Chemikalien im Kaffee, die zu seinen süchtig machenden Eigenschaften führen, und Koffein ist der wichtigste. Koffeinentzug kann Kopfschmerzen und Reizbarkeit verursachen und viele Menschen ziehen es vor, ihren Kaffee nicht aufzugeben. Kaffee ist zu einem sehr geselligen Getränk geworden, das ähnlich beliebt ist wie Alkohol. Vormittags im örtlichen Café können Sie sich mit Freunden treffen oder sich treffen, um Geschäfte zu besprechen. Die Leute neigen dazu, bei diesen Treffen Kaffee zu trinken, ob sie es mögen oder nicht, was ihnen schließlich hilft, einen Geschmack dafür zu entwickeln, und dann macht es süchtig. Kaffeetrinker sagen, dass sie Kaffee trinken, um sich zu entspannen. Während dies wie ein Oxymoron erscheinen mag, wenn man bedenkt, dass Kaffee ein Stimulans ist, kann eine heiße Tasse koffeinfreier Kaffee oder für manche Menschen sogar normaler Kaffee die Sinne entspannen und ihnen helfen, sich zu entspannen und ihre Nerven zu beruhigen. Forscher führen die beruhigende Wirkung auf die Stimulierung der Sinne zurück, die die Kreativität und den mentalen Stimulus unterstützt, was wiederum dazu beiträgt, manche Menschen zu beruhigen.

EISKAFFEE

1. Geeister Mochacchino

Zutaten:
- 1/2 Tasse Gebrühter Espresso, gekühlt
- 6 Esslöffel Schokoladensirup
- 1 Esslöffel Zucker
- 1/2 Tasse Milch
- 1 Tasse Vanilleeis oder gefrorener Joghurt
- 1/4 Tasse Sahne, leicht geschlagen

Richtungen

a) Espresso, Schokoladensirup, Zucker und Milch in einen Mixer geben und pürieren.

b) Fügen Sie das Eis oder den Joghurt hinzu und mixen Sie alles glatt.

c) Gießen Sie die Mischung in zwei gekühlte Gläser und bestreuen Sie sie jeweils mit Schlagsahne und Schokoladenlocken oder einer Prise Zimt oder Kakao.

2. Mandel-Eiskaffee

Zutaten:

- 1 Tasse stark gebrühter Kaffee
- 1 Tasse Magermilch
- 1/2 TL Vanilleextrakt
- 1/2 TL Mandelextrakt
- 1 TL Zucker
- Zimt zum Garnieren
- Dessertbelag

Richtungen

a) Kombinieren Sie 1 Tasse stark gebrühten Kaffee mit 1 Tasse Magermilch, dem Vanilleextrakt, dem Mandelextrakt und dem Zucker.
b) Gießen Sie in 2 - 10 Unzen gefrorene gefüllte Gläser
c) Mit dem Zimt garnieren.

3. Eiskaffee mit Zimt

Zutaten:
- 4 Tassen starker Kaffee (verwenden Sie 2 bis 4 Teelöffel Instant auf 1 Tasse kochendes Wasser
- 1 3-Zoll-Zimtstange, in kleine Stücke gebrochen
- 1/2 Tasse Sahne
- Kaffeesirup-Sirupe gibt es in vielen Geschmacksrichtungen. Vanille würde den Zimt ergänzen.

Richtungen

a) Zimtstücke mit heißem Kaffee übergießen; abdecken und etwa 1 Stunde stehen lassen.
b) Zimt entfernen und Sahne unterrühren. Gründlich kühlen.
c) Zum Servieren in mit Eis gefüllte Gläser füllen. Gewünschte Menge Kaffeesirup einrühren.
d) Nach Belieben mit gesüßter Schlagsahne toppen und mit gemahlenem Zimt bestreuen. Verwenden Sie Zimtstangen als Rührer.

4. Kaffee-Eis

Zutaten:
- 2 Tassen gebrühter Espresso
- 1/4 Tasse Zucker
- 1/2 TL gemahlener Zimt

Richtungen

a) In einem Topf bei mittlerer Hitze alle Zutaten köcheln lassen, bis sie sich auflösen.

b) Die Mischung in eine Metallschale geben, abdecken und für mindestens 5 Stunden einfrieren, dabei die äußere gefrorene Mischung jede halbe Stunde in die Mitte rühren, bis sie fest, aber nicht fest gefroren ist.

c) Kratzen Sie die Mischung kurz vor dem Servieren mit einer Gabel ab, um die Textur aufzuhellen. Macht 4 (1/2 Tasse) Portionen.

5. Eiscafé au lait

Zutaten:
- 2 1/4 kalter frisch gebrühter Kaffee
- 2 Tassen Milch
- 2 Tassen zerstoßenes Eis
- Zucker nach Belieben

Richtungen
a) Alle Zutaten in einem Mixer pürieren.
b) Fügen Sie Zucker hinzu und mixen Sie weiter, bis es schaumig ist.
c) Über Eis gießen
d) Sofort servieren.

6. Cremiger Eiskaffee

Zutaten:
- 1 Tasse gekühlter stark gebrühter Kaffee
- 2 gerundete Esslöffel Puderzucker
- 3 Tassen Gehacktes Eis

Richtungen
a) Kaffee, Zucker und Eis mischen
b) Mixen, bis es cremig ist

7. Eiskaffee mit Gewürzen

Ergibt 4 Tassen

Zutaten

- 1/2 Tasse grob gemahlener Kaffee
- 4 Tassen raumtemperiertes Wasser
- 1 Zimtstange
- 1 ganze Muskatnuss, zerdrückt
- Milch oder Sahne zum Servieren
- Honig oder Zucker zum Servieren

Richtungen

a) Kaffee grob mahlen. Verwenden Sie einen Hammer, um die Zimtstange und die ganze Muskatnuss leicht zu zertrümmern.
b) Fügen Sie in einem großen Behälter Kaffee und Gewürze und zimmerwarmes oder leicht warmes Wasser hinzu. Zusammenrühren und mindestens 4 Stunden oder idealerweise über Nacht ziehen lassen.

c) Den Kaffee mit einer French Press abseihen oder durch einen Filter abtropfen lassen.

d) Gießen Sie Kaffee über Eis und fügen Sie etwas Süßungsmittel und/oder Sahne oder Milch hinzu, wenn Sie möchten. Es ist aber auch ein tolles Schwarz!

Mit Alkohol angereicherter Kaffee

8. Rum Kaffee

Zutaten:
- 12 Unzen. Frisch gemahlener Kaffee, vorzugsweise Schokoladenminze oder Schweizer Schokolade
- 2 Unzen. Oder mehr 151 Rum
- 1 große Kugel Schlagsahne
- 1 Unze. Baileys Irish Cream
- 2 Esslöffel Schokoladensirup

Richtungen
a) Kaffee frisch mahlen.
b) Brauen.
c) Geben Sie in einen großen Becher die 2+ oz. von 151 Rum im Boden.
d) Gießen Sie den heißen Kaffee zu 3/4 nach oben in die Tasse.
e) Fügen Sie die Bailey's Irish Cream hinzu.
f) Aufsehen.
g) Mit der frischen Schlagsahne toppen und mit dem Schokoladensirup beträufeln.

9. Kahlua Irish Coffee

Zutaten:
- 2 Unzen. Kahlua oder Kaffeelikör
- 2 Unzen. Irischer Whiskey
- 4 Tassen Heißer Kaffee
- 1/4 Tasse Schlagsahne, geschlagen

Richtungen

a) Gießen Sie eine halbe Unze Kaffeelikör in jede Tasse. Fügen Sie jeweils eine halbe Unze Irish Whiskey hinzu
b) Tasse. Dampfenden frisch gebrühten heißen Kaffee dazugießen, umrühren. Löffel zwei häufen
c) Esslöffel Schlagsahne auf jeden. Heiß servieren, aber nicht so heiß, dass Sie sich die Lippen versengen.

10. Baileys irischer Cappuccino

Zutaten:
- 3 Unzen. Baileys Irish Cream
- 5 oz. Heißer Kaffee -
- Dessert-Topping aus der Dose
- 1 Prise Muskat

Richtungen
a) Gießen Sie Bailey's Irish Cream in eine Kaffeetasse.
b) Mit heißem schwarzem Kaffee auffüllen. Mit einem einzigen Sprühstoß Dessert-Topping garnieren.
c) Dessert-Topping mit einer Prise Muskatnuss bestäuben

11. Brandy-Kaffee

Zutaten:
- 3/4 Tasse heißer starker Kaffee
- 2 Unzen Brandy
- 1 TL Zucker
- 2 Unzen schwere Creme

Richtungen
a) Gießen Sie den Kaffee in eine hohe Tasse. Den Zucker zugeben und unter Rühren auflösen.
b) Fügen Sie den Brandy hinzu und rühren Sie erneut um. Gießen Sie die Sahne über die Rückseite eines Teelöffels, während Sie ihn leicht über die Oberseite des Kaffees in der Tasse halten. Dadurch kann es schweben.
c) Dienen.

12. Kahlua und Schokoladensauce

Zutaten:
- 6 Tassen Heißer Kaffee
- 1 Tasse Schokoladensirup
- 1/4 Tasse Kahlua
- $\frac{1}{8}$ TL gemahlener Zimt
- Schlagsahne

Richtungen

a) Kombinieren Sie Kaffee, Schokoladensirup, Kahlua und Zimt in einem großen Behälter; gut umrühren.

b) Sofort servieren. Mit Schlagsahne toppen.

13. Hausgemachter Kaffeelikör

Zutaten:

- 4 Tassen Zucker
- 1/2 Tasse Instantkaffee – verwenden Sie gefiltertes Wasser
- 3 Tassen Wasser
- 1/4 TL Salz
- 1 1/2 Tasse Wodka, hochprozentig
- 3 Esslöffel Vanille

Richtungen

a) Kombinieren Sie Zucker und Wasser; kochen, bis sich der Zucker auflöst. Hitze reduzieren und 1 Stunde köcheln lassen.
b) ABKÜHLEN LASSEN.
c) Wodka und Vanille unterrühren.

14. Kahlua Brandy Kaffee

Zutaten:
- 1 Unze Kahlua
- 1/2 Unze Brandy
- 1 Tasse heißen Kaffee
- Schlagsahne zum Bestreichen

Richtungen
a) Fügen Sie Kahlua und Brandy zum Kaffee hinzu
b) Mit der Schlagsahne garnieren

15. Limetten-Tequila-Espresso

Zutaten:
- Doppelter Espresso
- 1 Schuss Weißer Tequila
- 1 frische Limette

Richtungen
a) Führen Sie eine Limettenscheibe um den Rand eines Espressoglases.
b) Gießen Sie einen doppelten Espresso auf Eis.
c) Fügen Sie einen einzelnen Schuss weißen Tequila hinzu
d) Dienen

16. Gesüßter Brandy-Kaffee

Zutaten:
- 1 Tasse frisch gebrühter Kaffee
- 1 Unze. Kaffee-Likör
- 1 TL Schokoladensirup
- 1/2 Unze. Brandy
- 1 Prise Zimt
- Süße Schlagsahne

Richtungen

a) Kaffeelikör, Brandy, Schokoladensirup und Zimt in einem Becher mischen. Mit frisch gebrühtem Kaffee auffüllen.

b) Mit Schlagsahne toppen.

17. Dinner-Party-Kaffee

Zutaten:
- 3 Tassen Sehr heißer entkoffeinierter Kaffee
- 2 Esslöffel Zucker
- 1/4 Tasse heller oder dunkler Rum

Richtungen
a) Kombinieren Sie sehr heißen Kaffee, Zucker und Rum in einem erhitzten Topf.
b) Bei Bedarf verdoppeln.

18. Süßer Ahornkaffee

Zutaten:
- 1 Tasse halb und halb
- 1/4 Tasse Ahornsirup
- 1 Tasse heiß gebrühter Kaffee
- Gesüßte Schlagsahne

Richtungen

a) Kochen Sie die Hälfte und die Hälfte und den Ahornsirup in einem Topf bei mittlerer Hitze. Ständig rühren, bis gründlich erhitzt. Mischung nicht kochen lassen.

b) Kaffee einrühren und mit gesüßter Schlagsahne servieren.

19. Dubliner Traum

Zutaten:

- 1 EsslöffelPulverkaffee
- 1 1/2 Esslöffel Instant heiße Schokolade
- 1/2 Unze. Irischer Sahnelikör
- 3/4 Tasse kochendes Wasser
- 1/4 Tasse Schlagsahne

Richtungen

a) Alle Zutaten bis auf die Schlagsahne in ein Irish-Coffee-Glas geben.
b) Rühren, bis alles gut vermischt ist, und mit Schlagsahne garnieren.

20. Di Saronno-Kaffee

Zutaten:
- 1 Unze. Di Saronno Amaretto
- 8 Unzen. Kaffee
- Schlagsahne

Richtungen

a) Di Saronno Amaretto mit Kaffee pürieren, dann mit Schlagsahne toppen.

b) In einer Irish-Coffee-Tasse servieren.

21. Baja-Kaffee

Zutaten:
- 8 Tassen heißes Wasser
- 3 Esslöffel Instant-Kaffeegranulat
- 1/2 Tasse Kaffeelikör
- 1/4 Tasse Crème de Cacao-Likör
- 3/4 Tasse Schlagsahne
- 2 Esslöffel Zartbitterschokolade, gerieben

Richtungen
a) Kombinieren Sie im Slow-Cooker heißes Wasser, Kaffee und Liköre.
b) Abdecken und auf NIEDRIG 2-4 Stunden erhitzen. In Tassen oder hitzebeständige Gläser schöpfen.
c) Mit Schlagsahne und geriebener Schokolade toppen.

22. Pralinenkaffee

Zutaten:

- 3 Tassen heiß gebrühter Kaffee
- 3/4 Tassen Halb und halb
- 3/4 Tassen Fest gepackter brauner Zucker
- 2 Esslöffel Butter oder Margarine
- 3/4 Tasse Pralinenlikör
- Gesüßte Schlagsahne

Richtungen

a) Die ersten 4 Zutaten in einem großen Topf bei mittlerer Hitze unter ständigem Rühren kochen, bis sie vollständig erhitzt sind, nicht kochen.

b) Likör einrühren; mit gesüßter Schlagsahne servieren.

23. Pralinenlikör

Zutaten:
- 2 Tassen Dunkelbrauner Zucker fest verpackt
- 1 Tasse weißer Zucker
- 2 1/2 Tassen Wasser
- 4 Tassen Pekannussstücke
- 4 Vanilleschoten längs geteilt
- 4 Tassen Wodka

Richtungen

a) Kombinieren Sie braunen Zucker, weißen Zucker und Wasser in einem Topf bei mittlerer Hitze, bis die Mischung zu kochen beginnt. Hitze reduzieren und 5 Minuten köcheln lassen.

b) Geben Sie Vanilleschoten und Pekannüsse in ein großes Glasgefäß (da dies 4 1/2 Tassen ergibt). Gießen Sie die heiße Mischung in das Glas und lassen Sie sie abkühlen. Fügen Sie Wodka hinzu

c) Gut abdecken und an einem dunklen Ort aufbewahren. Drehen Sie das Glas in den nächsten 2 Wochen jeden Tag um, damit alle Zutaten kombiniert bleiben. Nach 2

Wochen Mischung abseihen, Feststoffe verwerfen.

24. Amaretto-Café'

Zutaten:
- 1 1/2 Tassen warmes Wasser
- 1/3 Tasse Amaretto
- 1 Esslöffel Instant-Kaffeekristalle
- Schlagsahne-Topping

Richtungen

a) Rühren Sie Wasser und lösliche Kaffeekristalle in einer mikrowellengeeigneten Schale zusammen.

b) Unbedeckt in die Mikrowelle geben, bei 100 % Leistung etwa 3 Minuten lang oder nur bis zum Dampfen heiß.

c) Amaretto unterrühren. In durchsichtigen Glasbechern servieren. Top jede Tasse Kaffeemischung mit etwas Dessert-Topping.

25. Café Au Cin

Zutaten:
- 1 Tasse kalter starker französischer Röstkaffee
- 2 Esslöffel Kristallzucker
- Prise Zimt
- 2 Unzen. Tawny-Port
- 1/2 TL geriebene Orangenschale

Richtungen
a) Kombinieren und in einem Mixer bei hoher Geschwindigkeit mixen.
b) In gekühlte Weingläser füllen.

26. Gespickter Cappuccino

Zutaten:
- 1/2 Tasse halb und halb
- 1/2 Tasse frisch gebrühter Espresso
- 2 Esslöffel Weinbrand
- 2 Esslöffel Weißer Rum
- 2 Esslöffel dunkle Crème de Cacao
- Zucker

Richtungen

a) Halb und halb in einem kleinen Topf bei starker Hitze verquirlen, bis es schaumig wird, etwa 3 Minuten.
b) Teilen Sie den Espresso auf 2 Tassen auf. In jede Tasse die Hälfte des Brandys und die Hälfte der Crème de Cacao geben.
c) Hälfte und Hälfte erneut verquirlen und in Tassen füllen.
d) Zucker ist optional

27. Gälischer Kaffee

Zutaten:
- Schwarzer Kaffee; frisch gemacht
- Schottischer Whisky
- Roher brauner Zucker
- Echte Schlagsahne; geschlagen, bis es etwas dickflüssig ist

Richtungen
a) Gießen Sie den Kaffee in ein vorgewärmtes Glas.
b) Whisky und braunen Zucker nach Geschmack hinzugeben. Gut umrühren.
c) Gießen Sie etwas leicht geschlagene Sahne in das Glas über die Rückseite eines Teelöffels, der sich knapp über der Oberseite der Flüssigkeit in der Tasse befindet.
d) Es sollte etwas schweben.

28. Kanadischer Kaffee

Zutaten:
- 1/4 Tasse Ahornsirup; rein
- 1/2 Tasse Rye Whiskey
- 3 Tassen Kaffee; heiß, schwarz, doppelte Stärke

Belag:
- 3/4 Tasse Schlagsahne
- 4 TL reiner Ahornsirup

Richtungen

a) Topping-Peitschen Sie die 3/4 Tasse Schlagsahne mit den 4 Teelöffeln Ahornsirup, bis sich ein weicher Hügel bildet.
b) Ahornsirup und Whisky auf 4 vorgewärmte hitzebeständige Glasbecher verteilen.
c) Gießen Sie Kaffee bis 1 Zoll von oben ein.
d) Löffelbelag über Kaffee.
e) Dienen

29. Deutscher Kaffee

Zutaten:
- 1/2 Unze Kirschbrandy
- 5 Unzen frischer schwarzer Kaffee
- 1 Teelöffel Zucker Schlagsahne
- Maraschino-Kirsche

Richtungen

a) Gießen Sie den Kaffee und den Cherry Brandy in eine Kaffeetasse und fügen Sie den Zucker zum Süßen hinzu.

b) Mit Schlagsahne und einer Maraschinokirsche toppen.

30. Dänischer Kaffee

Zutaten:
- 8 c Heißer Kaffee
- 1 c Dunkler Rum
- 3/4 c Zucker
- 2 Zimtstangen
- 12 Nelken (ganz)

Richtungen
a) In einem sehr großen, schweren Topf alle Zutaten mischen, abdecken und etwa 2 Stunden bei schwacher Hitze halten.
b) In Kaffeetassen servieren.

31. Irish-Coffee-Shooter-Milchshake

Zutaten:
- 1/2 Tassen Magermilch
- 1/2 Tassen Naturjoghurt mit geringem Fettgehalt
- 2 TL Zucker
- 1 TL Instant-Kaffeepulver
- 1 TL irischer Whiskey

Richtungen
a) Alle Zutaten bei niedriger Geschwindigkeit in einen Mixer geben.
b) Mischen Sie, bis Sie sehen können, dass Ihre Zutaten ineinander eingearbeitet sind.
c) Verwenden Sie zur Präsentation ein hohes Shake-Glas.

32. Gutes altes Irisch

Zutaten:
- 1,5 Unzen Irish Cream Liqueur
- 1,5 Unzen irischer Whiskey
- 1 Tasse heiß gebrühter Kaffee
- 1 Esslöffel Schlagsahne
- 1 Prise Muskatnuss

Richtungen
a) Kombinieren Sie in einer Kaffeetasse Irish Cream und The Irish Whiskey.
b) Becher mit Kaffee füllen. Mit einem Klecks Schlagsahne toppen.
c) Mit einer Prise Muskatnuss garnieren.

33. Bushmills Irish Coffee

Zutaten:
- 1 1/2 Unzen Bushmills Irish Whiskey
- 1 TL brauner Zucker (optional)
- 1 Spritzer Crème de Menthe, grün
- Extra starker frischer Kaffee
- Schlagsahne

Richtungen

a) Gießen Sie Whiskey in eine Irish-Coffee-Tasse und füllen Sie bis 1/2 Zoll von oben mit Kaffee. Zucker nach Geschmack hinzufügen und mischen. Schlagsahne darüber geben und Crème de Menthe darüber träufeln.

b) Tauchen Sie den Rand der Tasse in Zucker, um den Rand zu bedecken.

34. Starker Irish Coffee

Zutaten:
- 1 Tasse starker Kaffee
- 1 1/2 oz. Irischer Whiskey
- 1 TL Zucker
- 1 Esslöffel Schlagsahne

Richtungen
a) Mischen Sie Kaffee, Zucker und Whisky in einem großen mikrowellengeeigneten Becher.
b) Mikrowelle auf hoher Stufe 1 bis 2 Min. Mit Schlagsahne toppen
c) Vorsicht beim Trinken, kann einen Moment zum Abkühlen benötigen.

35. Cremiger Irish Coffee

Zutaten:
- 1/3 Tasse irischer Sahnelikör
- 1 1/2 Tassen frisch gebrühter Kaffee
- 1/4 Tasse Sahne, leicht gesüßt und geschlagen

Richtungen
a) Likör und Kaffee auf 2 Tassen verteilen.
b) Mit Schlagsahne toppen.
c) Dienen.

36. Altmodischer Irish Coffee

Zutaten:
- 3/4 Tasse warmes Wasser
- 2 Esslöffel Irish Whiskey
- Dessert-Topping
- 1 1/2 Löffel Instant-Kaffeekristalle
- Brauner Zucker nach Geschmack

Richtungen

a) Kombinieren Sie Wasser und lösliche Kaffeekristalle. Mikrowelle, unbedeckt, an

b) 100 % Leistung ca. 1 1/2 Minuten oder nur bis dampfend heiß. Irish Whiskey und braunen Zucker einrühren.

37. Lattetini

Zutaten:
- 1-teiliger Sahnelikör
- 1½ Teile Wodka

Richtungen
a) Mit Eis shaken und in ein Martiniglas abseihen.
b) Genießen

MOKKA

38. Geeister Mokka-Cappuccino

Zutaten:
- 1 Esslöffel Schokoladensirup
- 1 Tasse heißer doppelter Espresso oder sehr starker Kaffee
- 1/4 Tasse halb und halb
- 4 Eiswürfel

Richtungen

a) Rühren Sie den Schokoladensirup in den heißen Kaffee, bis er geschmolzen ist. Kombinieren Sie in einem Mixer den Kaffee mit der Hälfte und der Hälfte und den Eiswürfeln.

b) 2 bis 3 Minuten bei hoher Geschwindigkeit mixen.

c) Sofort in einem hohen, kalten Glas servieren.

39. Original Eiskaffee

Zutaten:
- 1/4 Tasse Kaffee; Instant, normal oder entkoffeiniert
- 1/4 Tasse Zucker
- 1 Liter kalte Milch

Richtungen

a) Instantkaffee und Zucker in heißem Wasser auflösen. Rühren Sie 1 Liter kalte Milch ein und fügen Sie Eis hinzu. Verwenden Sie für Mokka-Geschmack Schokoladenmilch und fügen Sie Zucker nach Geschmack hinzu.

b) 1 Esslöffel davon auflösenInstantkaffee und 2 TL Zucker in 1 EL heißem Wasser.

c) Fügen Sie 1 Tasse kalte Milch hinzu und rühren Sie um.

d) Sie können mit einem kalorienarmen Süßstoff anstelle von Zucker süßen

40. Kaffee mit Mokkageschmack

Zutaten:
- 1/4 Tasse milchfreier Milchkännchen trocken
- 1/3 Tasse Zucker
- 1/4 Tasse Trockener Instantkaffee
- 2 Esslöffel Kakao

Richtungen

a) Alle Zutaten in den Mixer geben, auf höchster Stufe schlagen, bis alles gut vermischt ist. Mischen Sie 1 1/2 Esslöffel Löffel mit einer Tasse heißem Wasser.

b) In einem luftdichten Glas aufbewahren. Wie zum Beispiel ein Einmachglas.

41. Würziger mexikanischer Mokka

Zutaten:
- 6 Unzen starker Kaffee
- 2 Esslöffel Puderzucker
- 1 Esslöffel ungesüßtes gemahlenes Schokoladenpulver
- 1/4 TL vietnamesischer Cassia-Zimt
- 1/4 TL jamaikanischer Piment
- 1/8 TL Cayennepfeffer
- 1-3 Esslöffel Sahne oder halb und halb

Richtungen

a) In einer kleinen Schüssel alle trockenen Zutaten miteinander vermischen.
b) Den Kaffee in eine große Tasse gießen, die Kakaomischung einrühren, bis eine glatte Masse entsteht.
c) Dann die Sahne nach Geschmack hinzugeben.

42. Schokoladenkaffee

Zutaten:
- 2 Esslöffel Instantkaffee
- 1/4 Tasse Zucker
- 1 Prise Salz
- 1 Unze. Quadrate ungesüßte Schokolade
- 1 Tasse Wasser
- 3 Tassen Milch
- Schlagsahne

Richtungen

a) Kombinieren Sie im Kochtopf Kaffee, Zucker, Salz, Schokolade und Wasser; bei schwacher Hitze rühren, bis die Schokolade geschmolzen ist. 4 Minuten unter ständigem Rühren köcheln lassen.
b) Milch nach und nach unter ständigem Rühren hinzugeben, bis sie erhitzt ist.
c) Wenn es heiß ist, vom Herd nehmen und mit dem Rollrührer schlagen, bis die Mischung schaumig ist.
d) In Tassen gießen und jeweils einen Klecks Schlagsahne auf die Oberfläche segeln.

43. Pfefferminz-Mokka-Kaffee

Zutaten:
- 6 Tassen frisch gebrühter Kaffee
- 1 1/2 Tassen Milch
- 4 Unzen halbsüße Schokolade
- 1 TL Pfefferminzextrakt
- 8 Pfefferminzsticks

Richtungen

a) Kaffee, Milch, Schokolade in einen großen Topf geben und bei schwacher Hitze 5-7 Minuten köcheln lassen oder bis die Schokolade geschmolzen ist, die Mischung durchgewärmt ist, gelegentlich umrühren.
b) Pfefferminzextrakt einrühren
c) In Tassen gießen
d) Mit einem Pfefferminzstift garnieren

44. Mokka Italienischer Espresso

Zutaten:
- 1 Tasse Instantkaffee
- 1 Tasse Zucker
- 4 1/2 Tassen fettfreie Trockenmilch
- 1/2 Tasse Kakao

Richtungen
a) Alle Zutaten miteinander verrühren.
b) In einem Mixer zu Pulver verarbeiten.
c) Verwenden Sie 2 Esslöffel auf eine kleine Tasse heißes Wasser.
d) In Espressotassen servieren
e) Macht etwa 7 Tassen Mischung
f) In einem dicht schließenden Deckelglas aufbewahren.
g) Einmachgläser eignen sich gut zur Aufbewahrung von Kaffee.

45. Chocolata-Kaffees

Zutaten:
- 1/4 Tasse Instant-Espresso
- 1/4 Tasse Instant-Kakao
- 2 Tassen kochendes Wasser – am besten gefiltertes Wasser verwenden
- Schlagsahne
- Fein geriebene Orangenschale oder gemahlener Zimt

Richtungen

a) Kaffee und Kakao vermischen. Fügen Sie kochendes Wasser hinzu und rühren Sie um, um es aufzulösen. In Mokkatassen gießen. Jede Portion mit Schlagsahne, zerkleinerter Orangenschale und einer Prise Zimt garnieren.

46. cSchokoladen-Amaretto-Kaffee

Zutaten:
- Amaretto-Kaffeebohnen
- 1 Esslöffel Vanilleextrakt
- 1 TL Mandelextrakt
- 1 TL Kakaopulver
- 1 TL Zucker
- Schlagsahne zum Garnieren

Richtungen
a) Kaffee brühen.
b) Fügen Sie Vanille- und Mandelextrakt hinzu, 1 TL Kakao und 1 TL Zucker pro Tasse.
c) Mit Schlagsahne garnieren

47. Schokoladen-Minz-Kaffee-Float

Zutaten:
- 1/2 Tasse heißer Kaffee
- 2 Esslöffel Crème de Cacao-Likör
- 1 Kugel Minz-Schokoladensplitter-Eiscreme

Richtungen

a) Kombinieren Sie für jede Portion 1/2 Tasse Kaffee und 2 Esslöffel
b) s des Likörs.
c) Mit einer Kugel Eiscreme toppen.

48. Kakao-Kaffee

Zutaten:
- 1/4 Tasse Milchkännchen ohne Milchpulver
- 1/3 Tasse Zucker
- 1/4 Tasse trockener Instantkaffee
- 2 Esslöffel Kakao

Richtungen

a) Alle Zutaten in einen Mixer geben, auf höchster Stufe pürieren, bis alles gut vermischt ist.
b) In einem luftdichten Einmachglas aufbewahren.
c) Mischen Sie 1 1/2 Esslöffel mit 3/4 Tasse heißem Wasser

49. Kakao-Haselnuss-Mokka

Zutaten:
- 3/4 oz. Kahlua
- 1/2 cnach oben Heißer Haselnusskaffee
- 1 TL Nestle Quick
- 2 Esslöffel halb und halb

Richtungen
a) Kombinieren Sie alle Zutaten in Ihrem Lieblings-Cu.
b) Aufsehen

50. Schokoladen-Minz-Kaffee

Zutaten:
- 1/3 Tasse gemahlener Kaffee
- 1 TL Schokoladenextrakt
- 1/2 TL Minzextrakt
- 1/4 TL Vanilleextrakt

Richtungen

a) Kaffee in den Mixer geben.
b) In einer Tasse Extrakte mischen, Extrakte zum Kaffee hinzufügen.
c) Verarbeiten, bis alles vermischt ist, nur wenige Sekunden.
d) Gekühlt lagern

51. Milchkaffee

Zutaten:
- 2 Tassen Milch
- 1/2 Tasse Sahne
- 6 TassenLouisiana-Kaffee

Richtungen

a) Kombinieren Sie Milch und Sahne im Topf; kurz zum Kochen bringen (es bilden sich Blasen am Rand der Pfanne), dann vom Herd nehmen.

b) Gießen Sie eine kleine Menge Kaffee in jede Kaffeetasse.

c) Gießen Sie den restlichen Kaffee und die heiße Milchmischung zusammen, bis die Tassen etwa zu 3/4 gefüllt sind.

d) Vollmilch und Sahne können durch Magermilch ersetzt werden.

52. Italienischer Kaffee mit Schokolade

Zutaten:
- 2 Tassen heißer starker Kaffee
- 2 Tassen heißer traditioneller Kakao - probieren Sie die Marke Hershey's
- Schlagsahne
- Geriebene Orangenschale

Richtungen

a) Kombinieren Sie 1/2 Tasse Kaffee und 1/2 Tasse Kakao in jeder der 4 Tassen.
b) Top mit Schlagsahne; mit geriebener Orangenschale bestreuen.

53. Halbsüßer Mokka

Zutaten:
- 4 Unzen. Halbbitter Schokolade
- 1 Esslöffel Zucker
- 1/4 Tasse Schlagsahne
- 4 Tassen heißer starker Kaffee
- Schlagsahne
- Geriebene Orangenschale

Richtungen

a) Schokolade in einem schweren Topf bei schwacher Hitze schmelzen.
b) Zucker und Schlagsahne unterrühren.
c) Kaffee mit einem Schneebesen einrühren, 1/2 Tasse auf einmal; weiter bis schaumig.
d) Mit Schlagsahne toppen und mit geriebener Orangenschale bestreuen.

GEWÜRZTER KAFFEE

54. Kaffee mit Orangengewürz

Zutaten:
- 1/4 Tasse gemahlener Kaffee
- 1 Esslöffel geriebene Orangenschale
- 1/2 TL Vanilleextrakt
- 1 1/2 Zimtstangen

Richtungen
a) Kaffee und Orangenschale in einen Mixer oder eine Küchenmaschine geben.
b) Halten Sie den Prozessor lange genug an, um die Vanille hinzuzufügen.
c) Verarbeiten Sie 10 Sekunden länger.
d) Die Mischung mit den Zimtstangen in einen Glaskrug geben und kühl stellen.

55. Gewürzte Kaffeesahne

Zutaten:
- 2 Tassen Nestlé's schnell
- 2 Tassen Kaffeeweißer in Pulverform
- 1/2 Tassen Puderzucker
- 3/4 TL Zimt
- 3/4 TL Muskatnuss

Richtungen
a) Alle Zutaten miteinander vermischen und in einem luftdichten Glas aufbewahren.
b) Mischen Sie 4 TL mit einer Tasse heißem Wasser

56. Kardamom gewürzter Kaffee

Zutaten:
- 3/4 Tasse gemahlener Kaffee
- 2 2/3 Tassen Wasser
- Gemahlener Kardamom
- 1/2 Tasse gesüßte Kondensmilch

Richtungen
a) Brühen Sie Kaffee in einer Tropf- oder Perkolator-Kaffeemaschine.
b) In 4 Tassen gießen.
c) Fügen Sie jeder Portion einen Schuss Kardamom und 2 Esslöffel Kondensmilch hinzu.
d) Aufsehen
e) Dienen

57. Café de Ola

Zutaten:
- 8 Tassen gefiltertes Wasser
- 2 kleine Zimtstangen
- 3 ganze Nelken
- 4 Unzen dunkelbrauner Zucker
- 1 Stück halbsüße Schokolade oder mexikanische Schokolade
- 4 Unzen gemahlener Kaffee

Richtungen

a) Bring das Wasser zum Kochen.
b) Zimt, Nelken, Zucker und Schokolade hinzufügen.
c) Nochmals aufkochen, eventuellen Schaum abschöpfen.
d) Reduzieren Sie die Hitze auf niedrig und lassen Sie es nicht kochen
e) Den Kaffee hinzugeben und 5 Minuten ziehen lassen.

58. Vanille-Mandel-Kaffee

Zutaten:
- 1/3 Tasse gemahlener Kaffee
- 1 TL Vanilleextrakt
- 1/2 TL Mandelextrakt
- 1/4 TL Anissamen

Richtungen
a) Kaffee in einen Mixer geben
b) Kombinieren Sie die restlichen Zutaten in einer separaten Tasse
c) Extrakt und Samen zum Kaffee in den Mixer geben
d) Bis zur Vereinigung verarbeiten
e) Verwenden Sie die Mischung wie gewohnt zum Aufbrühen von Kaffee
f) Ergibt Portionen von 8-6 Unzen
g) Unbenutzte Portionen im Kühlschrank aufbewahren

59. Arabisches Java

Zutaten:
- 1 Pint gefiltertes Wasser
- 3 Esslöffel Kaffee
- 3 Esslöffel Zucker
- 1/4 TL Zimt
- 1/4 TL Kardamom
- 1 TL Vanille oder Vanillezucker

Richtungen

a) Alle Zutaten in einen Topf geben und erhitzen, bis sich oben Schaum bildet.
b) Nicht durch einen Filter passieren.
c) Vor dem Servieren umrühren

60. Honigkaffee

Zutaten:
- 2 Tassen frischer Kaffee
- 1/2 Tasse Milch
- 4 Esslöffel Honig
- 1/8 TL Zimt
- Dash Muskatnuss oder Piment
- Tropfen oder 2 Vanilleextrakt

Richtungen
a) Zutaten in einem Topf erhitzen, aber nicht kochen.
b) Gut umrühren, um die Zutaten zu kombinieren.
c) Ein köstlicher Dessertkaffee.

61. Café Wien Wunsch

Zutaten:
- 1/2 Tasse Instantkaffee
- 2/3 Tasse Zucker
- 2/3 Tasse Magermilchpulver
- 1/2 TL Zimt
- 1 Prise Nelken – je nach Geschmack anpassen
- 1 Prise Piment-nach Geschmack anpassen
- 1 Prise Muskatnuss-nach Geschmack anpassen

Richtungen

a) Alle Zutaten miteinander vermischen

b) Mit einem Mixer zu einem sehr feinen Pulver mixen. Verwenden Sie 1 Esslöffel pro Tasse heißes gefiltertes Wasser.

62. Zimt gewürzter Kaffee

Zutaten:
- 1/3 Tasse Instantkaffee
- 3 Esslöffel Zucker
- 8 ganze Nelken
- 3 Zoll Stange Zimt
- 3 Tassen Wasser
- Schlagsahne
- Zimt

Richtungen

a) Kombinieren Sie 1/3 Tasse Instantkaffee, 3 Esslöffel Zucker, Nelken, Zimtstange und Wasser.

b) Zudecken, zum Kochen bringen. Vom Herd nehmen und zugedeckt etwa 5 Minuten ziehen lassen.

c) Beanspruchung. In Tassen füllen und jeweils mit einem Löffel Schlagsahne garnieren. Fügen Sie eine Prise Zimt hinzu.

63. Zimt-Espresso

Zutaten:
- 1 Tasse kaltes Wasser
- 2 Esslöffel gemahlener Espressokaffee
- 1/2 Zimtstange (3" lang)
- 4 TL Kakao-Creme
- 2 TL Weinbrand
- 2 Esslöffel Schlagsahne, gekühlt
  Halbsüße Schokoladenraspeln zum Garnieren

Richtungen

a) Benutzen Ihre Espressomaschine für tsein oder richtig starker Kaffee mit etwas gefiltertem Wasser.
b) Eine Zimtstange in kleine Stücke brechen und zum heißen Espresso geben.
c) 1 Minute abkühlen lassen.
d) Crème de Cacao und Brandy hinzugeben und vorsichtig umrühren. In Mokkatassen gießen
e) Tassen. Die Sahne schlagen und etwas Sahne auf jede Tasse fließen lassen. Mit geriebener Schokolade oder Schokoladenröllchen garnieren.

64. Mexikanischer gewürzter Kaffee

Zutaten:
- 3/4 Tasse Brauner Zucker, fest verpackt
- 6 Nelken
- 6 Julienne-Scheiben Orangenschale
- 3 Zimtstangen
- 6 Esslöffelsp. Echt gebrühter Kaffee

Richtungen

a) In einem großen Topf 6 Tassen Wasser mit braunem Zucker, Zimtstangen und Nelken bei mittlerer Hitze erhitzen, bis die Mischung heiß ist, aber nicht kochen lassen. Kaffee dazugeben, Mischung unter gelegentlichem Rühren 3 Minuten zum Kochen bringen.

b) Den Kaffee durch ein feines Sieb passieren und mit der Orangenzeste in Kaffeetassen servieren.

65. Vietnamesischer Eierkaffee

Zutaten:
- 1 Ei
- 3 Teelöffel von Vietnamesisches Kaffeepulver
- 2 Teelöffel gezuckerte Kondensmilch
- Kochendes Wasser

Richtungen

a) Brauen Sie ein kleines cvon vietnamesischem Kaffee.

b) Ein Ei aufschlagen und das Eiweiß wegwerfen.

c) Geben Sie das Eigelb und die gesüßte Kondensmilch in eine kleine, tiefe

Schüssel und schlagen Sie kräftig, bis Sie eine schaumige, fluffige Mischung wie oben erhalten.
d) Fügen Sie einen Esslöffel des gebrühten Kaffees hinzu und schlagen Sie ihn ein.
e) Gießen Sie Ihren gebrühten Kaffee in eine durchsichtige Kaffeetasse und fügen Sie dann die fluffige Eimischung darüber.

66. Türkischer Kaffee

Zutaten:
- 3/4 Tasse Wasser
- 1 Esslöffel Zucker
- 1 Esslöffel Kaffeepulver
- 1 Kardamomschote

Richtungen
a) Wasser und Zucker zum Kochen bringen.
b) Vom Herd nehmen, Kaffee und Kardamom hinzufügen
c) Gut umrühren und wieder erhitzen.
d) Wenn der Kaffee aufschäumt, vom Herd nehmen und den Kaffeesatz absetzen lassen.
e) Noch zweimal wiederholen. In Tassen gießen.
f) Der Kaffeesatz sollte sich vor dem Trinken absetzen.
g) Sie können den Kaffee mit der Kardamomkapsel in der Tasse Ihrer Wahl servieren

Tipps für türkischen Kaffee
h) Muss immer mit Schaum serviert werden

i) Sie können verlangen, dass Ihr Kaffee für türkischen Kaffee gemahlen wird – es ist eine Pulverkonsistenz.
j) Nach dem Einfüllen in Tassen nicht umrühren, da der Schaum zerfällt
k) Verwenden Sie bei der Zubereitung immer kaltes Wasser
l) Türkischem Kaffee wird niemals Sahne oder Milch zugesetzt; Zucker ist jedoch optional

67. Kürbis gewürzter Latte

Zutaten:
- 2 Esslöffel Dosenkürbis
- 1/2 Teelöffel Kürbiskuchengewürz, plus mehr zum Garnieren
- Frisch gemahlener schwarzer Pfeffer
- 2 Esslöffel Zucker
- 2 Esslöffel reiner Vanilleextrakt
- 2 Tassen Vollmilch
- 1 bis 2 Schuss Espresso, etwa 1/4 Tasse
- 1/4 Tasse Sahne, geschlagen, bis sich feste Spitzen bilden

Richtungen

a) Den Kürbis und die Gewürze erhitzen: In einem kleinen Topf bei mittlerer Hitze den Kürbis mit dem Kürbiskuchengewürz und einer großzügigen Portion schwarzem Pfeffer 2 Minuten lang kochen oder bis er heiß ist und gekocht riecht. Ständig rühren.

b) Fügen Sie den Zucker hinzu und rühren Sie, bis die Mischung wie ein sprudelnder, dicker Sirup aussieht.

c) Milch und Vanilleextrakt unterrühren. Bei mittlerer Hitze vorsichtig erwärmen und dabei genau beobachten, dass es nicht überkocht.

d) Die Milchmischung vorsichtig mit einem Stabmixer oder in einem herkömmlichen Mixer (mit einem dicken Handtuchknäuel den Deckel fest zudrücken!) verarbeiten, bis sie schaumig und püriert ist.

e) Mischen Sie die Getränke: Bereiten Sie den Espresso oder Kaffee zu und teilen Sie ihn auf zwei Tassen auf und fügen Sie die aufgeschäumte Milch hinzu.

f) Mit Schlagsahne und einer Prise Kürbiskuchengewürz, Zimt oder Muskatnuss garnieren, falls gewünscht.

68. Karamell-Latte

Zutaten:

- 2 Unzen Espresso
- 10 Unzen Milch
- 2 Esslöffel hausgemachte Karamellsauce plus mehr zum Nieseln
- 1 Esslöffel Zucker (optional)

Richtungen

a) Gießen Sie den Espresso in eine Tasse.
b) Geben Sie die Milch in ein breites Glas oder einen Glaskrug und erhitzen Sie sie 30 Sekunden lang in der Mikrowelle, bis sie sehr heiß ist, aber nicht kocht.
c) Alternativ die Milch in einem Topf bei mittlerer Hitze etwa 5 Minuten lang erhitzen, bis sie sehr heiß ist, aber nicht kocht, und dabei genau beobachten.
d) Die Karamellsauce und den Zucker (falls verwendet) in die heiße Milch geben und umrühren, bis sie sich auflösen.
e) Schäumen Sie die Milch mit einem Milchaufschäumer 20 bis 30 Sekunden lang auf, bis keine Blasen mehr zu sehen sind und ein dicker Schaum entsteht. Schwenken Sie das Glas und klopfen Sie es wiederholt leicht auf die Theke, um die größeren Blasen zu zerplatzen. Wiederholen Sie diesen Schritt nach Bedarf.

f) Mit einem Löffel den Schaum zurückhalten und die Milch in den Espresso gießen. Den restlichen Schaum darauf verteilen.

FRAPPUCCINO UND CAPPUCINO

69. Karamell-Frappuccino

Zutaten:
- 1/2 Tasse kalter Kaffee
- 3 Esslöffel Zucker
- 1/2 Tasse Milch
- 2 Tassen Eis
- Schlagsahne – Verwenden Sie die Dosensahne, die Sie darauf spritzen können
- 3 Esslöffel Karamell-Sundae-Sauce

Richtungen
a) Kombinieren Sie alle Zutaten in einem Mixer
b) Mischen Sie das Getränk, bis das Eis zerkleinert und das Getränk glatt ist
c) In gekühlten Kaffeetassen mit Schlagsahne servieren und die Karamellsauce darüber träufeln.

70. Himbeer-Frappuccino

Zutaten:
- 2 Tassen zerstoßene Eiswürfel
- 1 1/4 Tassen – extra starker gebrühter Kaffee
- 1/2 Tasse Milch
- 2 Esslöffel Vanille- oder Himbeersirup
- 3 Esslöffel Schokoladensirup
- Schlagsahne

Richtungen

a) Kombinieren Sie Eiswürfel, Kaffee, Milch und Sirup in einem Mixer.
b) Mischen, bis es schön glatt ist.
c) In gekühlte hohe Servierbecher oder Sodafontänengläser füllen.
d) Mit Schlagsahne toppen, Schokolade und Himbeersirup darüber träufeln.
e) Nach Belieben eine Maraschino-Kirsche hinzufügen

71. Kaffee-Milchshake

Zutaten:

- 2 Tassen Milch
- 2 Esslöffel Zucker
- 2 TL Instantkaffee
- 3 Esslöffel Vanilleeis
- Starker Kaffee, der kalt ist

Richtungen

a) Alle Zutaten in der angegebenen Reihenfolge in den Mixer geben und mit hoher Geschwindigkeit mixen, bis alles vermischt ist.
b) In Sodafontänengläsern servieren.

72. Mokka Frappe

Zutaten:
- 18 Eiswürfel (bis zu 22)
- 7 Unzen. Kaffee doppelt stark, gekühlt
- 1/2 Tasse Schokoladensauce (oder Sirup)
- 2 Esslöffel Vanillesirup
- Schlagsahne

Richtungen

a) Verwenden Sie einen Mixer.

b) Eis, Kaffee, Schokoladensauce und Sirup in den Mixer geben. Mischen, bis es glatt ist. In ein großes, hohes, gekühltes Sodafontänenglas gießen.

c) Mit einem Klecks Schlagsahne oder einer Kugel Eiscreme garnieren.

73. Instant-Karamell-Frappuccino

Zutaten:
- 1/3 Glas Eis
- 1/3 Glas Milch
- 1 Esslöffel Instantkaffee
- 2 Esslöffel Karamellsirup

Richtungen
a) Mischen Sie alle Zutaten in einem Mixer, bis das Eis schön zerkleinert und die Milch schaumig ist.
b) Sofort servieren.

74. Mango Frappe

Zutaten:
- 1 1/2 Tassen Mango, geschnitten
- 4-6 Eiswürfel
- 1 Tasse Milch
- 1 Esslöffel Zitronensaft
- 2 Esslöffel Zucker
- 1/4 TL Vanilleextrakt

Richtungen

a) Legen Sie die geschnittene Mango für 30 Minuten in den Gefrierschrank
b) Kombinieren Sie Mango, Milch, Zucker, Zitronensaft und Vanille in einem Mixer. Mischen, bis es glatt ist.
c) Eiswürfel hinzufügen und verarbeiten, bis die Würfel ebenfalls glatt sind.
d) Sofort servieren.

75. Cappuccino-Café

Zutaten:
- 1/2 Tasse Instantkaffee
- 3/4 Tasse Zucker
- 1 Tasse fettfreie Trockenmilch
- 1/2 TL getrocknete Orangenschale

Richtungen

a) Getrocknete Orangenschale in Mörser und Stößel zerstoßen

b) Verwenden Sie 2 Esslöffel für jede Tasse heißes Wasser

76. Cappuccino-Shake

Zutaten:
- 1 Tasse Magermilch
- 1 1/2 TL Instantkaffee
- 2 Packungen Süßstoff
- 1/4 Unze Brandy- oder Rum-Aroma
- 1 Prise Zimt

Richtungen
a) Kombinieren Sie in einem Mixer Milch, Kaffee, Süßstoff und Brandy- oder Rumextrakt.
b) Mixen, bis der Kaffee aufgelöst ist.
c) Mit einer Prise Zimt servieren.
d) Für ein heißes Getränk in der Mikrowelle erwärmen.

77. Cremiger Cappuccino

Zutaten:
- 1/4 Tasse Instant Espresso oder Instant Dark Roast Coffee
- 2 Tassen kochendes Wasser
- 1/2 Tasse Sahne, geschlagen
- Zimt, Muskatnuss oder fein geriebene Orangenschale
- Zucker

Richtungen
a) Kaffee in kochendem Wasser auflösen, in kleine, hohe Tassen gießen.
b) Nur bis zur Hälfte füllen.
Fügen Sie einen Schuss hinzu:
a) Zimt, Muskatnuss oder fein geriebene Orangenschale
b) Die Sahne unter den Kaffee heben.

78. Gefrorener Cappuccino

Zutaten:
- 2 Kugeln Vanille Frozen Yogurt-geteilt
- 1/2 Tasse Milch
- 1 Esslöffel Schokoladenpulver von Hershey
- 1 1/2 TL Instant-Kaffeegranulat

Richtungen
a) Geben Sie 1 Messlöffel des gefrorenen Joghurts, die Milch, das Schokoladenpulver und das Kaffeegranulat in eine Küchenmaschine oder einen Mixer.
b) 30 Sekunden verarbeiten oder bis es glatt ist.
c) In ein hohes Sodabrunnenglas gießen.
d) Mit der restlichen Joghurt-Kugel toppen.

FRUCHTIGER KAFFEE

79. Himbeerkaffee

Zutaten:
- 1/4 Tasse brauner Zucker
- Kaffeesatz für eine 6-Tassen-Kanne mit normalem Kaffee
- 2 TL vonHimbeerextrakt

Richtungen
a) Himbeerextrakt in die leere Kaffeekanne geben
b) Braunen Zucker und Kaffeesatz in den Kaffeefilter geben
c) Fügen Sie die 6 Tassen Wasser hinzu und brühen Sie den Topf.

80. Weihnachtskaffee

Zutaten:
- 1 Kanne Kaffee (entspricht 10 Tassen)
- 1/2 Tasse Zucker
- 1/3 Tasse Wasser
- 1/4 Tasse ungesüßter Kakao
- 1/4 Teelöffel Zimt
- 1 Prise geriebene Muskatnuss
- Schlagsahne zum Bestreichen

Richtungen

a) Kanne Kaffee zubereiten.
b) In einem mittelgroßen Topf Wasser zum Kochen bringen. Zucker, Kakao, Zimt und Muskat zugeben.
c) Nochmals für etwa eine Minute zum Kochen bringen - gelegentlich umrühren.
d) Kaffee und Kakao-Gewürzmischung mischen und mit Schlagsahne garniert servieren.

81. Reichhaltiger Kokosnusskaffee

Zutaten:
- 2 Tassen halb und halb
- 15 oz. Dose Kokoscreme
- 4 Tassen Heiß gebrühter Kaffee
- Gesüßte Schlagsahne

Richtungen
a) Halb und halb und Kokoscreme in einem Topf bei mittlerer Hitze unter ständigem Rühren zum Kochen bringen.
b) Kaffee einrühren.
c) Mit gesüßter Schlagsahne servieren.

82. Schokoladen-Bananen-Kaffee

Zutaten:

- Machen Sie eine Kanne mit 12 Tassen Ihres normalen Kaffees

- Fügen Sie 1/2-1 TL hinzup Bananenextrakt

- Fügen Sie 1-11/2 TL Kakao hinzu

Richtungen
a) Kombinieren
b) So einfach ... und perfekt für ein Haus voller Gäste

83. Schwarzwälder Kaffee

Zutaten:
- 6 Unzen. Frisch gebrühter Kaffee
- 2 Esslöffel Schokoladensirup
- 1 Esslöffel Maraschino-Kirschsaft
- Schlagsahne
- Rasierte Schokolade
- Maraschino-Kirschen

Richtungen

a) Kombinieren Sie Kaffee, Schokoladensirup und Kirschsaft in einer Tasse. Gut mischen.

b) Mit Schlagsahne, den Schokoraspeln und einer Kirsche oder 2 garnieren.

84. Maraschino-Kaffee

Zutaten:
- 1 Tasse schwarzer Kaffee
- 1 Unze. Amaretto
- Geschlagener Belag
- 1 Maraschino-Kirsche

Richtungen
a) Kaffeebecher oder Tasse mit heißem schwarzen Kaffee füllen. Amaretto unterrühren.
b) Top mit Schlagsahne und einer Kirsche.

85. Schokoladen-Mandel-Kaffee

Zutaten:
- 1/3 Tasse gemahlener Kaffee
- 1/4 TL frisch gemahlene Muskatnuss
- 1/2 TL Schokoladenextrakt
- 1/2 TL Mandelextrakt
- 1/4 Tasse geröstete Mandeln, gehackt

Richtungen

a) Muskatnuss und Kaffee verarbeiten, Extrakte zugeben. 10 Sekunden länger verarbeiten. In eine Schüssel geben und Mandeln unterrühren. Im Kühlschrank aufbewahren.

b) Macht 8 Sechs-Unzen-Portionen. Aufbrühen: Geben Sie die Mischung in den Filter einer automatischen Filterkaffeemaschine.

c) Fügen Sie 6 Tassen Wasser hinzu und brauen Sie

86. Kaffee Limonade

Zutaten:
- 3 Tassen gekühlter Kaffee doppelter Stärke
- 1 Esslöffel Zucker
- 1 Tasse halb und halb
- 4 Kugeln (1 Pint) Kaffeeeis
- 3/4 Tasse gekühltes Club-Soda
- Gesüßte Schlagsahne
- 4 Maraschino-Kirschen,
- Garnitur-Schokoladenlocken oder Kakao

Richtungen

a) Kombinieren Sie die Kaffee- und Zuckermischung in der Hälfte und Hälfte.
b) Füllen Sie 4 hohe Limonadengläser zur Hälfte mit der Kaffeemischung
c) Fügen Sie eine Kugel Eis hinzu und füllen Sie die Gläser bis zum Rand mit der Soda auf.
d) Mit Schlagsahne, Schokolade oder Kakao garnieren.
e) Toller Leckerbissen für Partys
f) Verwenden Sie einen entkoffeinierten Kaffee für Partys mit Jugendlichen

87. Wiener Kaffee

Zutaten:
- 2/3 Tasse trockener Instantkaffee
- 2/3 Tasse Zucker
- 3/4 Tasse pulverisierter milchfreier Kaffeeweißer
- 1/2 TL Zimt
- Jeweils gemahlenen Piment, Nelken und Muskatnuss pürieren.

Richtungen

a) Alle Zutaten miteinander vermischen und in einem luftdichten Glas aufbewahren.
b) Mischen Sie 4 TL mit einer Tasse heißem Wasser.
c) Dies ist ein wunderbares Geschenk.
d) Alle Zutaten in ein Einmachglas geben.
e) Mit Schleife und Hangtag dekorieren.
f) Auf dem Hängeetikett sollte die Mischanleitung maschinengeschrieben sein.

88. Espresso Romano

Zutaten:
- 1/4 Tasse fein gemahlener Kaffee
- 1 1/2 Tassen kaltes Wasser
- 2 Streifen Zitronenschale

Richtungen
a) Geben Sie gemahlenen Kaffee in den Filter einer Filterkaffeekanne
b) Fügen Sie Wasser hinzu und brühen Sie gemäß den Anweisungen für das Brühen der Maschine
c) Zitrone in jede Tasse geben
d) Dienen

KAFFEEMISCHUNGEN

89. Milchkaffee

Zutaten:
- 1 Tasse Milch
- 1 Tasse Leichte Sahne
- 3 Esslöffel Instantkaffee
- 2 Tassen kochendes Wasser

Richtungen

a) Milch und Sahne bei schwacher Hitze heiß werden lassen. In der Zwischenzeit Kaffee in kochendem Wasser auflösen. Milchmischung vor dem Servieren mit dem Rührbesen schaumig schlagen. Gießen Sie die Milchmischung in einen vorgewärmten Krug und den Kaffee in einen separaten Krug.

b) Zum Servieren: Füllen Sie Tassen, indem Sie gleichzeitig aus beiden Krügen gießen, sodass sich die Ströme beim Einschenken treffen.

c) Dieser Kaffee macht eine wunderbare Präsentation sowie einen köstlichen Gefallen.

90. Instant-Orangen-Cappuccino

Zutaten:
- 1/3 Tasse pulverisierter milchfreier Kaffeeweißer
- 1/3 Tasse Zucker
- 1/4 Trockener Instantkaffee
- 1 oder 2 orangefarbene Bonbons (zerdrückt)

Richtungen

a) Alle Zutaten zusammen im Mixer pürieren.
b) Mischen Sie 1 Esslöffel mit 3/4 Tasse heißem Wasser.
c) In einem luftdichten Glas aufbewahren.

91. Mokka-Mischung nach Schweizer Art

Zutaten:
- 1/2 Tasse Instant-Kaffeegranulat
- 1/2 Tasse Zucker
- 2 Esslöffel Kakao
- 1 Tasse fettfreies Trockenmilchpulver

Richtungen

a) Alles kombinieren und gut vermischen. Bewahren Sie die Mischung in einem luftdichten Behälter auf.
b) Für jede Portion:
c) Platz 1 Esslöffel + 1 TL. Mischung in eine Tasse.
d) 1 Tasse kochendes Wasser hinzugeben und gut umrühren.

92. Instant Creamed Irish Coffee

Zutaten:
- 1 1/2 Tasse warmes Wasser
- 1 EsslöffelInstant-Kaffeekristalle
- 1/4 Tasse irischer Whiskey
- Brauner Zucker nach Geschmack
- Geschlagener Belag

Richtungen

a) Kombinieren Sie in einem 2-Tassen-Maß Wasser und lösliche Kaffeekristalle. Mikrowelle, unbedeckt, bei 100 % Leistung etwa 4 Minuten oder nur bis zum Dämpfen.

b) Irish Whiskey und braunen Zucker einrühren. In Tassen servieren.

c) Top jede Tasse mit Schlagsahne.

93. Mokka-Kaffee-Mischung

Zutaten:

- 1/4 Tasse Milchfreier Kaffeeweißer in Pulverform
- 1/3 Tasse Zucker
- 1/4 Tasse Trockener Instantkaffee
- 2 Esslöffel. Kakao

Richtungen

a) Alle Zutaten in den Mixer geben, auf höchster Stufe schlagen, bis alles gut vermischt ist. Mischen Sie 1 1/2 Esslöffel
b) mit einer Tasse heißem Wasser.
c) In einem luftdichten Glas aufbewahren. Wie zum Beispiel ein Einmachglas.

94. Mokka-Instant-Kaffee

Zutaten:
- 1 Tasse Instant-Kaffeekristalle
- 1 Tasse heiße Schokolade oder Kakaomischung
- 1 Tasse milchfreier Milchkännchen
- 1/2 Tasse Zucker

Richtungen

a) Kombinieren Sie alle Zutaten; gründlich mischen. In einem dicht verschlossenen Glas aufbewahren. Probiere ein Einmachglas aus.

b) Zum Servieren: 1 1/2 - 2 Esslöffel in eine Tasse oder einen Becher geben.

c) Rühren Sie kochendes Wasser ein, um die Tasse zu füllen.

d) Macht 3 1/2 Tassen Kaffeemischung oder etwa 25 oder mehr Portionen.

95. Wiener Kaffeemischung

Zutaten:
- 2/3 Tasse (knapp) trockener Instantkaffee
- 2/3 Tasse Zucker
- 3/4 Tasse Milchfreier Kaffeeweißer in Pulverform
- 1/2 TL Zimt
- Bindestrich Gemahlener Piment
- Prise Nelken
- Prise Muskatnuss

Richtungen

a) Alle Zutaten mischen und in einem luftdichten Glas aufbewahren.
b) Mischen Sie 4 TL mit 1 Tasse heißem Wasser.

96. Schlummertrunk-Kaffee-Mischung

Zutaten:
- 2/3 Tasse milchfreier Kaffeeweißer
- 1/3 Tasse Instant Decaf Kaffeegranulat
- 1/3 Tasse Kristallzucker
- 1 TL gemahlener Kardamom
- 1/2 TL gemahlener Zimt

Richtungen

a) Kombinieren Sie alle Zutaten in einer mittelgroßen Schüssel; rühren, bis alles gut vermischt ist.
b) In einem luftdichten Behälter aufbewahren. Ergibt 1 1/3 Tassen Kaffeemischung
c) Löffel 1 gehäufter Esslöffel Kaffeemischung in 8 Unzen heißes Wasser. Rühren, bis alles gut vermischt ist.

97. Cappuccino-Mix

Zutaten:
- 6 TL Instantkaffee
- 4 Esslöffel ungesüßter Kakao
- 1 TL gemahlener Zimt
- 5 Esslöffel Zucker
- Schlagsahne

Richtungen

a) Alle Zutaten mischen.

b) Um eine Portion Kaffee zuzubereiten, 1 Esslöffel der Mischung verwenden und in eine große Tasse geben; Gießen Sie $1\frac{1}{2}$ Tassen kochendes Wasser darüber und rühren Sie um.

c) Mit Schlagsahne toppen

98. Café-Cappuccino-Mischung

Zutaten:
- 1/2 Tasse Instantkaffee
- 3/4 Tasse Zucker
- 1 Tasse fettfreie Trockenmilch
- 1/2 TL getrocknete Orangenschale

Richtungen
a) Die getrocknete Orangenschale mit Mörser und Stößel zermahlen. Alle Zutaten miteinander verrühren.
b) Verwenden Sie einen Mixer zum Mischen, bis es pulverisiert ist.
c) Für jede Portion:
d) Verwenden Sie 2 Esslöffel für jede Tasse heißes Wasser.
e) Ergibt etwa 2 1/4 Tassen Mischung.

99. Louisiana Café mit Milch

Zutaten:
- 2 Tassen Milch
- Zucker
- 1 Tasse Louisiana-Kaffee

Richtungen

a) Milch in den Topf geben; zum Kochen bringen.

b) Heißen, frisch gebrühten Kaffee und Milch gleichzeitig in Tassen gießen; nach Geschmack mit Zucker süßen.

100. Westindischer Kaffee

Zutaten:
- 3 1/2 Tassen Vollmilch
- 1/4 Tasse Instantkaffee
- 1/4 Tasse brauner Zucker
- 1 Prise Salz

Richtungen

a) Geben Sie den Instantkaffee, den braunen Zucker und das Salz in Ihre Tasse.
b) Bringen Sie die Milch vorsichtig zum Kochen. Zum Auflösen umrühren.
c) In schweren Tassen servieren.
d) Ergibt 4 Portionen.

FAZIT

Es gibt Millionen von Menschen, die den Geschmack von Kaffee einfach lieben. Dieser Geschmack ist aufgrund der großen Vielfalt an Kaffeearomen, Röstungen und Sorten, die auf dem Markt erhältlich sind, für jeden Kaffeetrinker anders. Manche Leute mögen einen tiefdunklen Kaffeegeschmack, während andere Leute eine hellere Röstung mögen, die glatt und weich ist.
Unabhängig vom Geschmack werden die Menschen zu ihrer morgendlichen Tasse Kaffee verführt. Die Hauptgründe, warum Menschen Kaffee trinken, sind so vielfältig wie die verfügbaren Kaffeesorten. Unabhängig von den Gründen, warum Menschen Kaffee trinken, wird er nur von Wasser konsumiert, und jeden Tag wächst die Zahl der Kaffeetrinker enorm und fügt der Liste ihre eigenen Gründe für den Kaffeekonsum hinzu.

Wenn Sie ein Kaffee-Enthusiast oder ein Neubekehrter sind, wird dieses Kochbuch einen großen Beitrag dazu leisten, Ihre Liebe zum Kaffee zu vertiefen!

Viel Spaß beim Brauen!

www.ingramcontent.com/pod-product-compliance
Lightning Source LLC
Chambersburg PA
CBHW071815080526
44589CB00012B/805